NOUVELLE MÉTHODE

DE

LECTURE

OU

LES PRINCIPES DE LA LECTURE

Présentés dans l'ordre le plus convenable
Pour faciliter la tâche des Maîtres
Et assurer les progrès des Elèves

A L'USAGE
DES ÉCOLES DES FRÈRES DE LA SAINTE-FAMILLE

Par les Frères A. et F.

Cette Méthode est reproduite en 14 Tableaux

LYON
IMPRIMERIE DE P. MOUGIN-RUSAND
3, Rue Stella, 3
—
1872

NOUVELLE MÉTHODE

DE LECTURE

Droits de propriété réservés.

NOUVELLE MÉTHODE
DE
LECTURE
OU
LES PRINCIPES DE LA LECTURE

Présentés dans l'ordre le plus convenable
Pour faciliter la tâche des Maîtres
Et assurer les progrès des Élèves

A L'USAGE

DES FRÈRES DE LA S^{TE}-FAMILLE

Par les Frères A. et F.

Cette Méthode est reproduite en 14 Tableaux

LYON
IMPRIMERIE DE P. MOUGIN-RUSAND
3, Rue Stella, 3

1872

PRÉFACE

La *Nouvelle Méthode de Lecture* est divisée en dix-huit Leçons, formant quatorze Tableaux.

Cette Méthode ne présente les difficultés que successivement et dans l'ordre le plus naturel.

En parcourant les Tableaux, on se convaincra de cette heureuse classification des éléments, et du soin apporté à la gradation des exercices.

On reconnaîtra également que cette Méthode forme un ensemble complet qui conduit promptement les élèves à la lecture courante.

Enfin, on remarquera qu'elle évite l'aridité, présentant à chaque Leçon, la première exceptée, des exercices de lecture dans lesquels n'entrent que les éléments déjà connus des élèves.

Cette marche, la seule qui nous semble convenir à l'intelligence de l'enfant, a exigé beaucoup de recherches pour le choix des mots qui pouvaient entrer dans les onze premières Leçons. Aussi prierons-nous les Maîtres d'être indulgents au sujet des petites phrases que nous y avons fait entrer.

Nous avons indiqué par des renvois, dans ce petit Manuel et dans les Tableaux, les observations à faire aux élèves pour obtenir une lecture correcte.

Puissent les Maîtres trouver dans cette Nouvelle Méthode le moyen d'aplanir les difficultés qu'ils rencontrent dans l'enseignement des éléments de la lecture ! Puissent aussi les enfants, que nous avons toujours tant aimés et auxquels nous avons consacré notre vie, y trouver le moyen d'apprendre plus promptement à lire et un adoucissement à la peine qu'ils éprouvent dans leurs premières études ! Une pratique de près de trente ans nous autorise à concevoir cette espérance.

NOUVELLE MÉTHODE
DE LECTURE

1re LEÇON

VOYELLES

a e i o u y

CONSONNES (1)

b	c	d	f	g	h	j
be	que	de	fe	gue	he	je

k	l	m	n	p	q	r
que	le	me	ne	pe	que	re

s	t	v	x	z
se	te	ve	kse	ze

(1) On a adopté, dans cette Méthode de Lecture, la nouvelle appellation des consonnes, reconnue avantageuse. Une syllabe placée sous chaque consonne en indique la prononciation. Les consonnes c, g, s, t ont deux sons différents, suivant les voyelles qui les suivent; mais il serait hors de propos d'en parler maintenant aux élèves; car, pour ne pas demander trop à la fois à la faiblesse de leur attention et de leur mémoire, on a écarté des premiers Tableaux ces petites complications et toutes les autres difficultés que présente la lecture. Elles seront amenées lorsque les élèves pourront plus facilement les comprendre. Ainsi, jusqu'au 11e Tableau, où les remarques relatives aux lettres c, g, s, t trouveront leur place, on rencontrera toujours ces lettres employées avec le même son.—Cette observation s'applique également aux différents sons de l'x et à l'emploi de l'y.—On a donné à la lettre h, le son de *he* avec aspiration, suivant en cela l'exemple d'auteurs estimés.

ALPHABET

a b c d e f g h
i j k l m n o p
q r s t u v x y z

ALPHABET MÊLÉ

a k u b l v c m x
d n y e o z g f p
q h r i s t j

MAJUSCULES (1)

A B C D E F G
a b c d e f g
H I J K L M N
h i j k l m n
O P Q R S T U
o p q r s t u
V X Y Z
v x y z

(1) Les lettres minuscules placées sous les majuscules faciliteront aux enfants la connaissance de ces dernières.

2ᵉ LEÇON [1]

1ᵉʳ EXERCICE.—*Syllabes épelées, composées d'une consonne et d'une voyelle*

Exemple : b-a ba, d-i di, f-o fo, v-u vu, etc.

b-a ba	c-a ca	d-a da	f-a fa
b-e be	k-e ke	d-e de	f-e fe
b-i bi	k-i ki	d-i di	f-i fi
b-o bo	c-o co	d-o do	f-o fo
b-u bu	c-u cu	d-u du	f-u fu
b-y by	k-y ky	d-y dy	»
g-a ga	j-a ja	l-a la	m-a ma
»	j-e je	l-e le	m-e me
»	j-i ji	l-i li	m-i mi
g-o go	j-o jo	l-o lo	m-o mo
g-u gu	j-u ju	l-u lu	m-u mu
«	j-y jy	l-y ly	m-y my
n-a na	p-a pa	r-a ra	s-a sa
n-e ne	p-e pe	r-e re	s-e se
n-i ni	p-i pi	r-i ri	s-i si
n-o no	p-o po	r-o ro	s-o so

NOTA. Il ne faut jamais faire sortir l'élève d'un Tableau avant qu'il le sache parfaitement. L'observation de ce point est essentielle pour tirer de cette Méthode de Lecture tout l'avantage qu'elle présente.—Les exercices des neuf premiers Tableaux, renfermant les éléments de la lecture, sont gradués de telle sorte que l'élève est conduit sans difficulté de la connaissance des éléments qui sont l'objet de la leçon, à la lecture non syllabée qui leur sert d'application. Un simple coup-d'œil fait saisir ce procédé, d'ailleurs tout à fait rationnel. Les éléments de la leçon, présentés d'abord dans l'ordre naturel, puis mêlés, sont ensuite l'objet d'un 1ᵉʳ exercice, dans des syllabes épelées ; d'un 2ᵐᵉ exercice, dans des syllabes non épelées ; d'un 3ᵐᵉ exercice, dans des mots syllabés : 1° de deux syllabes, 2° de trois syllabes, etc. ; d'un 4ᵐᵉ exercice de lecture syllabée, et enfin d'un 5ᵐᵉ exercice de lecture non syllabée.

(1) Le Maître doit veiller avec un soin tout particulier à ce que les élèves articulent parfaitement les consonnes, et donnent aux voyelles leur son naturel, afin que la prononciation de chaque syllabe soit correcte. La bonne ou la mauvaise lecture d'un enfant dépend en grande partie de l'attention à mettre en pratique cette recommandation.

n-u nu	p-u pu	r-u ru	s-u su
n-y ny	p-y py	r-y ry	s-y sy
t-a ta	v-a va	x-a xa	z-a za
t-e te	v-e ve	x-e xe	z-e ze
t-i ti	v-i vi	x-i xi	z-i zi
t-o to	v-o vo	x-o xo	z-o zo
t-u tu	v-u vu	x-u xu	z-u zu
t-y ty	»	x-y xy	z-y zy

2ᵉ *EXERCICE.—Syllabes non épelées*

po	ru	to	ve	ra	me	ja	ty
pu	lo	ni	pa	xa	tu	ji	mo
pi	na	ke	jo	du	zo	ky	su
di	va	se	ga	fe	xi	ku	fi
ve	ry	ne	jy	fa	bi	fo	la
my	bu	ka	dy	ma	so	lu	be
ca	do	zi	vo	sy	vu	ri	fu
py	ny	fu	ki	ly	ko	gu	by
sa	co	je	da	bo	du	le	ju
mu	sa	pe	re	ti	xu	ro	da
cu	te	zo	mi	ta	zu	no	zi
li	xe	si	xo	nu	xu	xy	ba

3ᵉ *EXERCICE.—Mots syllabés*

pa pa	mi ne	ra de	vi ve	fi ne
bi le	pi pe	po li	cu re	ga ze
jo li	tu be	du re	da me	ca le
fu ma	mo de	ca ve	ma re	ty pe

lo to	sa le	fa de	ta xe	co ke
ri ve	no ta	lu xe	re vu	ki lo
lu ne	so lo	ri de	da te	ga la
ri re	fi ni	li ma	ri xe	

ca ra fe	do mi no	do ru re	sa la de
ca ba ne	bo bi ne	vo lu me	pa ra de
vi ro le	tu li pe	ra mu re	ju ju be
fu ti le	ra tu re	li mi te	li vi de
pi ra te	mo ra le	na tu re	to pa ze
ma da me	sy no de	bi tu me	mi nu te
sa li ne	ma xi me	so li ve	

ca ra va ne	li ga tu re	ja co bi ne
fi la tu re	ma ri ti me	li mo na de
ca pi tu le	sy co mo re	ca ma ra de
po ly go ne	la ti tu de	fa vo ri te
fi gu ri ne	sy no ny me	pa ra do xe
zi be li ne	mo no po le	ma ca ro ni
py ra mi de	ma ro ni te	pa ni cu le
ma ni pu le	mo no to ne	ca ni cu le

4ᵉ *EXERCICE.—Lecture syllabée*

La ca ra bi ne de pa pa; le jo li so fa de la da me; la ca po te du pi-lo te; sa pe ti te ba di ne; le ty pe mo bi le; sa mi ne ri di cu le; la pi lu le la xa ti ve; le pa ri du ca ma ra de; la ca ri ca tu re de Ni co le; sa fi gu re ma la di ve; la ta xe de la fa ri ne; la cu re ra di ca le; la ro be de ga ze; la pa ro le di vi ne.

5ᵉ EXERCICE—*Lecture non syllabée* (1)

Tite me fera lire. Je le tire de la solitude. Je rame, le navire file vite. Le papa punira Caroline. Jude finira ma lyre samedi. La tulipe se fane vite. Liduvine refera sa pelote. Didyme redira la parabole. La figure du malade se colore. Maxime tirera le domino. Le canari vole. Lazare fixe la locomotive. Je pare ma petite madone.

3ᵉ LEÇON

ACCENTS (2)

Accent aigu   Accent grave   Accent circonflexe

APOSTROPHE (3)

Apostrophe

---

(1) Si l'élève sait parfaitement les quatre Exercices précédents, il pourra lire celui-ci sans syllaber. Cependant il est bon de le lui faire d'abord syllaber. Le Maître lui fera remarquer que chaque syllabe est formée d'une consonne et de la voyelle qui la suit.

(2) On fera connaître aux élèves les trois sortes d'accents et les sons qu'ils donnent aux voyelles. On aura soin de bien rendre les sons, et l'on exigera que les élèves les expriment eux-mêmes très-nettement. On les y retiendra jusqu'à ce qu'on ait obtenu une prononciation parfaite.

(3) On devra : 1° faire connaître aux élèves que l'apostrophe est un petit signe qui marque la suppression d'une des voyelles *a, e, i*; 2° leur montrer cette suppression dans plusieurs mots du 4ᵉ et du 5ᵉ Exercice; 3° leur expliquer que, dans la lecture, on doit lier la consonne qui précède l'apostrophe à la voyelle qui la suit, comme si cette apostrophe n'y était pas.

— 7 —

VOYELLES SIMPLES ACCENTUÉES

é è ê à â î ô û

LES MÊMES VOYELLES MÊLÉES

â ê û é à î ô è û ê

â ê ô é î è

1er EXERCICE—Syllabes épelées (1)

b-î bî	t-é té	s-û sû	n-ô nô
m-è mè	c-ô cô	r-â râ	l-é lé
j-é jé	v-ô vô	l-è lè	v-ê vê
c-â câ	v-é vé	s-è sè	p-â pâ
r-ê rê	b-â bâ	t-ê tê	x-é xé
p-ê pê	p-ô pô	m-ê mê	d-û dû
p-î pî	r-ô rô	g-â gâ	z-è zè
q-û qû	f-ê fê	z-é zé	m-â mâ

2e EXERCICE—Syllabes non épelées

né	nê	xé	tô	bâ	pè
dû	vê	sû	zè	zé	pô
lâ	rô	lè	râ	lé	ké
jé	rè	vè	bî	mé	dé
rê	cô	dà	câ	bê	vô
fè	qû	mê	sè	pê	dô
pî	mè	nô	bû	pè	tô
té	fê	pâ	mâ	dè	gâ

(1) Observer ici avec soin ce qui est dit au 1er renvoi du 2e Tableau.

3ᵉ EXERCICE—Mots syllabés (1)

cô te	rô ti	sè me	é té	bê te
dé jà	fê lé	zè le	ju bé	zé ro
mê me	pâ le	pè re	dî né	je té
le vé	cô ne	do ré	é pi	cu ré
gâ té	lu xé	tâ té	pâ té	sè ve
pâ te	fè ve	tô le	rê ne	â ne
bê le	fi xé	dô me	ké pi	mê lé
mè re	pe lé	bâ ti	vê tu	râ pé
tê tu	fa né	dé fi	ca fé	dé ca
ri dé	é cu	ô té	ta xé	sa lé
rô dé	â me			

a bî me	é bè ne	mo dè le	ré fu té
sû re té	a zu ré	é tu ve	nu mé ro
é tu de	re mè de	é co le	bi pè de
ré fé ré	pi qû re	o pé ré	lé gu me
pâ tu re	li bé ré	co mè te	sé vè re
re bâ ti	mâ tu re	sé pa ré	ga lè re
pu re té	dé li re	pa tè ne	sy rè ne
u ni té	vê tu re	fi dè le	é lè ve
co lè re	ca na pé	vé ri té	é ta pe

ca la mi té	dé li bé ré	mé té o re
sé cu ri té	pé di cu re	é mé ri te
fa ta li té	ré vè le ra	sé ré na de
na ti vi té	é nu mé ré	é ga li té

(1) On fera remarquer aux élèves que, lorsqu'un mot commence par une voyelle, comme *été, abîme*, cette voyelle se prononce séparément, comme si elle était seule.

é la bo ré   dé bi li té   ré pè te ra ma jo ri té

4e EXERCICE—Lecture syllabée

L'a mé ni té d'E mi le ; l'a ma bi li té de Re mi ; la li bé ra li té de Lé vi ; la ré gu la ri té d'A dè le ; la fi gu re pâ le de Zo é ; la mâ tu re du na vi re ; la pi qû re de l'é pi ne ; la sé ré ni té de l'â me ; la fê te de la Na ti vi té ; le ca lo ri fè re de l'é co le ; la so li di té de la ca ba ne ; la fi dé li té de l'é lè ve.

Le pa vé a é té ni ve lé. Je ré pa re ma ly re. Le zé ro a é té ra tu ré. La pa ta te a mû ri. Pa pa a je té sa pi pe. La lu ne se lè ve ra à mi di. La ca ra va ne se ra en sû re té. Cô me va à l'é co le, sa mè re l'y a me né. Ca ro li ne a a va lé la pi lu le a mè re. Je dé mê le la vé ri té. E vi te la co lè re.

5e EXERCICE—Lecture non syllabée (1)

Papa me dira la vérité. Je vénère ma mère. Emile me mènera à la fête. Le

(1) On fera d'abord syllaber, puis on fera lire sans syllabation. Cette observation s'applique également au 5e Exercice des Tableaux suivants.

zèle l'a dévoré. Modère ta témérité. La colère l'a égaré. Jérôme a déjà vu la capitale. Tony a dîné. René fera la salade. La petite vérole l'a défiguré. Je répète la parabole du père, je la médite. Ma mère m'a béni. J'adore la Divinité. La parole divine élève l'âme fidèle.

4ᵉ LEÇON

VOYELLES COMPOSÉES (1)

è ai aî ei—ó au eau —eu eû œu—ou oû

LES MÊMES VOYELLES MÊLÉES

ai	oû	ei	eu	ou
aî	eau	ai	au	ou
eu	aî	ei	œu	oû
eû	au	œu	eau	

---

(1) Nous ne mettons pas ici les voyelles composées *ay*, *ey*. Les élèves trouveront au 12ᵉ Tableau tout ce qui est relatif à l'*y* lorsqu'il n'est pas employé isolément.

— 11 —

1ᵉʳ EXERCICE—*Syllabes épelées* (Epeler la consonne, puis la voyelle composée : *b-ai bai, d-au dau*) (1)

b-ai bai	v-ai vai	s-ei sei
r-ei rei	t-ou tou	v-au vau
v-œu vœu	f-ou fou	n-ai nai
t-ai tai	r-ai rai	s-oû soû
l-ou lou	j-ai jai	f-eu feu
r-ou rou	v-oû voû	f-aî faî
s-au sau	f-au fau	v-ei vei
g-aî gaî	s-ou sou	g-ou gou
m-eau meau	n-eau neau	b-eau beau
s-eau seau	p-eau peau	t-eau teau

2ᵉ EXERCICE—*Syllabes non épelées*

bai	sau	vou	cau	lou	veau
mai	veu	pai	deu	pei	fau
jai	fou	vai	soû	faî	vœu
teau	beau	sei	nai	feu	bou
vei	gaî	rou	tai	tou	peu
rai	voû	tei	pou	sau	rei
dou	sou	reau	peau		

3ᵉ EXERCICE—*Mots syllabés*

bou le	dau be	cou pe	dou ve
ne veu	lou pe	sai ne	ne veu

(1) Dans l'épellation, il faut remarquer que les éléments des syllabes sont moins les lettres que les sons et les articulations. Les voyelles composées et les diphthongues, représentant des sons, doivent être prononcées par une seule émission de voix. Ainsi les syllabes *rei, pain, lieu* doivent être épelées de cette manière : *r-ei rei, p-ain pain, l-ieu lieu*, et non *r-e-i rei, p-a-i-n pain, l-i-e-u lieu*.

é tau	cou cou	jeû ne	joû te
sau té	fou le	dou te	bi jou
voû te	ni veau	coû té	po teau
lou ve	fai re	tou te	pai re
vei ne	tau pe	pou le	ra deau
fi lou	gâ teau	fau te	cou pé
pei né	veu ve	sau le	neu ve
rou lé	gaî ne	ba lai	jou jou
gaî té	meu le	lai de	li cou
beau té	ba teau	li teau	su reau
râ teau	ra meau		

do mai ne	a ca jou	é pau le
no tai re	vi cai re	au gu re
mi neu re	sou ta ne	fu tai ne
bou ta de	rai nu re	re fai re
au bai ne	po lai re	sau mu re
neu vai ne	mou lu re	ba lei ne
cau tè re	sou ri re	lou ve teau
pa pau té	ro mai ne	sa lai re
ma rau de	dé fai te	fau ti ve
se rei ne	ma jeu re	ba li veau
la pe reau	dou zai ne	

4e EXERCICE syllabé (1)

La Sei ne; le beau jeu; u ne bê te fau ve; l'au to ri té sou ve rai ne;

(1) Le Maître dira aux élèves que l'*e* muet se fait très-peu sentir après les voyelles *é, i, u*, mais que la syllabe dans laquelle il se trouve est longue : *vie, vendue, soierie, année, laitue.*

de l'eau salutaire; la reine de Suède; la peau du lama; de la futaine fine; une vie utile; l'aumône de la veuve; une voûte solide; de la farine jaune; le samedi de la semaine; de la pâte de mauve; le jeûne du carême fini; une vilaine caricature; une tête de toute beauté; la faute réparée; la revue militaire.

5e EXERCICE — Lecture

Je t'aime. Répare ta faute. L'eau de la rigole va du côté de l'écurie. J'ai vu de la laine veloutée. J'ai couru toute la matinée. J'ai voulu rire, je serai puni. La boule a roulé vite. La foule s'écoulera peu à peu. Irène a été punie.

Toute peine mérite salaire. Le capitaine sera décoré. Le jeu s'anime. J'écoute, je saute. La neuvaine finira jeudi, seize mai; j'y serai. Amélie a la vue égarée. Je serai fidèle. J'adorerai, je bénirai la Divinité toute ma vie.

5ᵉ LEÇON

VOYELLES NASALES[1]

an	am	en	em
ain	aim	ein	in
im	yn	ym	on
om	un	um	eûn

LES MÊMES VOYELLES MÊLÉES

en	ein	om	yn
um	am	ain	on
an	im	un	ym
em	aim	eûn	in

1ᵉʳ EXERCICE — *Syllabes épelées*

(Epeler la consonne, puis la voyelle nasale : *p-on pon*)

b-ain bain   l-un lun   v-in vin
l-on lon   f-in fin   l-am lam

---

[1] Il faut veiller à ce que les élèves donnent à ces voyelles leur son naturel ; c'est important pour les habituer à une bonne prononciation dans la lecture, et, par suite, dans la conversation.

f-ein fein	b-an ban	c-on con
s-yn syn	t-en ten	n-ym nym
d-aim daim	t-on ton	f-en fen
g-an gan	n-im nim	r-om rom
s-ein sein	g-am gam	r-in rin
c-un cun	v-am vam	t-ym tym
m-ain main	s-in sin	g-on gon
c-am cam	p-on pon	r-em rem
p-ein pein	f-on fon	s-an san
m-on mon	s-em sem	t-om tom

2º EXERCICE — *Syllabes non épelées*

fin	gan	nym	sein	pon	tin
vam	lon	ten	syn	cam	mon
cun	lam	non	tom	rem	con
san	gon	rin	fin	vin	lun
fon	ban	sin	ton	gam	tem
son	vam	bain	dam	main	dom
fein	rom	daim	bam	sein	bom
vain	ram	pein	nom	sain	tym

3º EXERCICE — *Mots syllabés*

on de	sa von	on ze	an se
lun di	lan de	son de	rom pu
au cun	ti mon	ram pe	ron de
ven te	tan te	sa tin	fon dé
la pin	jam be	me lon	tem pe
pa tin	lam pe	san té	ram pe

fi lon	jam bon	pin son	nan kin
bam bin	tam pon	tein te	pan se
é taim	bou ton	fein te	bou din
din don	tym pan	mou ton	ten te
cou pon	bon don	lam bin	sain te

an go ra	en co re	im bi bé
a men de	in fâ me	a man de
syn ta xe	pin ta de	vo lon té
gon do le	de man de	dé fun te
tem pê te	dé fen se	gam ba de
re fon du	em bau mé	em boî té
re fen du	en rou lé	sa van te
dé ten du	tem pé ré	am pou lé
com pen sé	tein tu re	con ten te
pein tu re	pan ta lon	con fon du
fan fa ron	sain te té	tom be reau
fon dan te	ram pan te	en fan tin

4ᵉ EXERCICE — Lecture syllabée

L'on de pu re; la lim pi di té de l'eau; l'i dée fon da men ta le; u ne pa ro le sen ti men ta le; un can ton é ten du; un lam beau de ten tu re; le len de main ma tin; le jeu di de la se mai ne sain te; à la fin du mon de; u ne en jo li vu re; la pe ti te main de Fan fan; u ne ban de de ru ban; un ron din de bou leau; la lai ne de mon mou ton; la pen te du ra vin; le vin co lo ré; la ven te de la pom pe; la fê te de la Pen te cô te;

5e *EXERCICE — Lecture non syllabée* (1)

Rufin te dira demain l'aventure d'Aubin. Paulin étudie le symbole. Salomon s'empara du pain. Simon a de la bonté. Le sapin tomba du côté du midi. J'ai une ampoule à la jambe. Enfin ma tante m'a récompensé. Radegonde tombe en syncope. Maman m'a rendu la santé. Antonin a encore faim. Colin sera confondu. On a amputé une jambe à Zénon. Le mâtin a rompu une jambe au mouton. On m'a imputé l'injure faite au baron. Romain s'en ira de bon matin. Bonaventure contente son papa. J'ai vendu ma toupie. Marin m'a rendu mon pinson. J'adore la bonté divine.

(1) Dans ce Tableau se rencontre, pour les commençants, une grande difficulté, provenant de la réunion de deux consonnes différentes qui se suivent dans un mot. Le Maître devra expliquer les deux règles suivantes, afin que les élèves puissent faire la lecture non syllabée de ce Tableau :

1° *Lorsque entre deux voyelles (ou deux sons), il y a une seule consonne, elle se joint à la voyelle qui la suit :* ma-man, ja-lon, mi-lieu.

2° *Lorsque entre deux voyelles, il y a deux consonnes qui ne se lient pas*, comme *nd* dans *onde*, *mb* dans *jambon*, *nt* dans *sainte*, la première consonne se joint à la voyelle qui la précède, et la seconde à celle qui la suit. On coupe ainsi les mots : on-de, jam-be, sain-te. Sont exceptées les consonnes diphthongues *bl, cr, fl*, etc., et les consonnes doubles *bb, nn, pp*, etc., qui viendront au 9e et au 10e Tableau.

2

6ᵉ LEÇON

DIPHTHONGUES (1)

ia	iâ	ié	iè
io	ui	oi	iai
iau	ieu	oué	oui

DIPHTHONGUES NASALES

| ian | ien (2) | | ion |
| oin | ouin | | uin |

DIPHTHONGUES MÊLÉES

iai	oui	ian	oi
ia	ui	ouin	io
ié	oué	uin	iau

(1) On ne saurait apporter trop d'attention à ce que les élèves donnent à chaque diphthongue le son qui lui est propre, surtout pour les diphthongues nasales; il faut les y bien exercer.

(2) Prononcez i-in. La diphtongue *ien* se prononce ainsi lorsqu'elle n'est suivie ni de la syllabe *ce*, ni d'un *t*: *le mien, le tien, le sien, Maximien*, et dans les verbes dont la terminaison est *ient*: *il maintient, il soutient*. Partout ailleurs *ien* se prononce *ian*: *patient, quotient, conscience, efficient*.

oin   ien   iâ   ion
iè   ieu

1er EXERCICE. — *Syllabes épelées.*

(Epeler la consonne seule, puis la diphthongue.)

p-ia pia	l-ia lia	m-iè miè
n-ia nia	f-io fio	p-ié pié
v-io vio	l-ui lui	s-ui sui
f-ié fié	t-oi toi	r-oi roi
t-ui tui	t-ié tié	d-ié dié
d-ia dia	c-ui cui	f-oi foi
f-iai fiai	d-oué doué	p-ieu pieu
r-ian rian	l-oué loué	r-ion rion
m-ien mien	s-ion sion	l-ien lien
l-oin loin	v-ian vian	p-iau piau
s-oin soin	l-ieu lieu	p-ion pion
j-uin juin	r-ien rien	b-ouin bouin

2e EXERCICE — *Syllabes non épelées*

nia	bio	fia	fiè	lui	coi
pié	sui	foi	diè	soi	vio
dia	fié	moi	fui	viè	pia
loin	noué	tien	miai	sion	lieu
mien	pion	pieu	vian	foin	voué

miau   foui   loin   juin   coin   rien
piau   pien   roué   rian   lien   soin
dien   pain   bien   suin   souin bouin

3ᵉ EXERCICE — *Mots syllabés*

é-tui	toi-le	cui-te
boi-re	re-lié	fui-te
dé-fia	lia-ne	pi-tié
nui-re	a-loi	é-pieu
poi-re	fio-le	pia-no
mi-lieu	foui-ne	miau-le
my-ria	té-moin	sui-te
piau-le	vian-de	vio-lon
in-dien	pié-ton	moi-tié
poin-te	suin-té	rian-te
pen-sion	com-bien	lam-pion
poi-reau	sou-tien	moi-neau
bé-douin	main-tien	sain-foin
loin-tain		

i voi re	é tio lé	pau piè re
a mi tié	ri viè re	my ria de
pé rio de	ré u nion	pu ri fié
di mi nué	di lu vien	dia dè me
ba ra gouin	sei ziè me	join tu re
vio len te	mé moi re	faî tiè re
mé ri dien	sou rian te	ra tiè re
lu miè re	con fian te	con join te

é cu moi re   mo ni toi re   é pi cu rien
cà fe tiè re   su pé rieu re   ta ba tiè re
mi nia tu re   dia go na le   re con dui re
pé cu niai re   in con dui te   tau pi niè re
in fé rieu re   tein tu riè re

4º EXERCICE—*Lecture syllabée*

Une tem pê te vio len te, la pension a li men tai re, la lu miè re de la lam pe, un bi jou en mi nia tu re, sa pié té bien vi ve ; l'é toi le po lai re, de la vian de sa lée, l'u nion in ti me, sa mé moi re fi dè le, la pé rio de é cou lée ; sa con dui te ré gu liè re ; un pé tu nia é tio lé, u ne voi tu re de foin, u ne fio le d'eau-de-vie, la foi re can to na le.

5º EXERCICE — *Lecture non syllabée*

Je lui redirai mon conte. Oui, j'ai loué sa piété solide. Voilà le lieu où on l'a jeté. La fouine a reparu. Ma poule a été tuée. Mon lapin aime la laitue. Aurélien a été mené au violon. Julien répare la toiture. Maximien a avoué sa faute. Relève le coin de la toile.

Mon père, j'aurai soin de l'écurie. Je 'ai rien de bon à te dire. Sa fuite de la pension lui a nui. Je vénère Marie, ma mère bien-aimée ; je lui ai voué ma vie entière. Dieu aura soin de moi, si je me confie en sa bonté infinie.

7ᵉ LEÇON

SYLLABES FORMÉES D'UNE VOYELLE ET D'UNE CONSONNE QU'ON FAIT SENTIR (1)

ab	ac	ad	af	ag
al	ap	ar	as	at
ax	eb	ec	ed	ef
eg	el	ep	er	es
et	ex	ib	ic	id
if	ig	il	ip	ir
is	it	ix	ob	oc
od	of	og	ol	op
or	os	ot	ox	ub

(1) Les élèves sont arrivés jusqu'à ce Tableau avec facilité, ne rencontrant que des mots formés d'une consonne et d'une voyelle ou d'une diphthongue. Etant maintenant un peu avancés, ils saisiront plus facilement cette Leçon que s'ils l'eussent trouvée dans les premiers Tableaux, où la placent plusieurs Méthodes de Lecture. Il faut insister pour bien faire rticuler la consonne, les élèves n'étant que trop portés à la laisser expirer sur les lèvres.

uc   ud   uf   ug   ul
up   ur   us   ut   ux

1er EXERCICE — Syllabes épelées

b-ac bac	s-el sel	d-uc duc
v-if vif	t-ex tex	l-is lis
m-al mal	m-us mus	m-er mer
s-or sor	s-ec sec	p-ar par
t-ir tir	s-uc suc	m-ul mul
p-ic pic	c-ap cap	v-ol vol
m-as mas	s-ac sac	s-ur sur
v-ar var	p-or por	z-ig zig

2e EXERCICE — Syllabes non épelées

bac	nal	vac	cal	sec	nif
vec	tic	zig	sic	sof	los
tac	suc	mus	fur	nef	sif
dog	mix	cap	sol	lir	fic
val	mas	dar	rel	pic	sel
sil	tir	soc	tal	por	tuf
duc	nig	lis	dex		

3e EXERCICE — Mots sylabés

cu mul	bar be	ex pié	gar de
mer le	tex te	cul te	sex te
ver tu	dor mir	tar dif	mar tyr

jar din   cal cul   par tir   nor mal
sor tir   car min   mor tel   cap tif
bal con   gol fe

vic toi re   ex pi ré   ob te nir
cul tu re   ab sur de   fic ti ve
a ver tir   é ter nel   ob ser vé
lec tu re   fer ti le   rup tu re
vul gai re   ad ver be   é nig me
ad jec tif   ab jec te   in tac te

8ᵉ LEÇON

SYLLABES FORMÉES DE DEUX VOYELLES ET D'UNE CONSONNE QU'ON FAIT SENTIR

eur   œur   air   oir   our
oif   euf   œuf   auf   aul
eul   aus   ous

1ᵉʳ EXERCICE — Syllabes épelées

p-eur peur   p-air pair   f-our four
l-eur leur   b-œuf bœuf   b-ous bous
n-oir noir   s-oif soif   s-eul seul
c-œur cœur   s-oir soir   n-euf neuf
s-auf sauf   j-our jour

2e EXERCICE — Syllabes non épelées

veur	sour	sœur	neuf	pair
soif	bœuf	loir	seul	bous
sauf	pour	l'air	cour	lour
doir	noir	mous	voir	mour
veuf	tour	poir	cœur	beur
toir	teur	l'œuf	vour	deur
seur	tous			

3e EXERCICE — Mots syllabés

bon jour	va leur	im pair	es poir
rec teur	la bour	sau veur	fac teur
tour neur	bon soir		

aus cul té	bous cu lé	tour nu re
mo ni teur	aug men té	la mi noir
con tour né	bien fai teur	four ni ra
a len tour	bour ga de	tour men te
dé vi doir	dé fen seur	cour bu re
os ten soir		

4e EXERCICE — Lecture syllabée

Du pain sec; l'a ni mal ré tif; le vol du moi neau; du suc de poi re; du tuf bien dur; la dou leur in ten se; un air mon dain; la tour du mou lin neuf; l'œuf de la pou le noi re; le ver be dé par tir; la dex-

té ri té de Jus tin; le bon ca rac-
tè re de Bar na bé; un us ten si le
u ti le; l'a mer tu me du re mè de;
le tic tac du mou lin; l'a mour pa-
ter nel; la cour de la fer me; le
Sau veur du mon de; ser vir le bon
Dieu a vec fi dé li té.

5ᵉ *EXERCICE — Lecture non syllabée* (1)

J'admire sa foi vive, son amour
pour Dieu. Victor a mal à la tête. Le
duc ira mardi soir à la sépulture du
vicomte son ami. Anselme va établir son
séjour à Lyon. Mon bambin va partir
pour la pension. Augustin m'a objecté
la défense de son tuteur. Il va en zig zag.
Paul converti répara sa faute. Son
devoir fini, Martin se divertira avec
moi. Le vautour a emporté mon dindon.
Ma sœur a de la dextérité. J'élève mon
cœur à Dieu, il m'écoute, il me console.

(1) Il est nécessaire de revenir sur la règle concernant la rencontre de deux consonnes qui ne se lient pas dans le corps d'un mot. Voir le 1ᵉʳ renvoi du 5ᵉ Tableau, 2ᵉ règle.

9ᵉ LEÇON

SYLLABES MOUILLÉES

1ʳᵉ CATÉGORIE :

ail　eil　œil　œill

Prononciation : dét*ail*　sol*eil*　　*œill*ade

ueil　ueill　euil　ouil

Prononciation :　　org*ueil*　　fen*ouil*

1ᵉʳ EXERCICE — Syllabes épelées

t-ail tail   v-ail vail   r-eil reil
t-eil teil   l'-œil l'œil   d-euil deuil
c-ueil cueil   f-euil feuil   n-ouil nouil

2ᵉ EXERCICE — Syllabes non épelées

tail   leil   cueil   teil   reuil
neil   fenil   mail   rail   nouil
teuil   reil   nail   seil   meil
cueille   deuil   feuille

3ᵉ EXERCICE — Mots syllabés

pa reil   co rail   dé tail
or teil   so leil   é cueil
mé teil   ca mail   por tail
ver meil   é mail   fe nouil

re cueil   con seil   or gueil
fau teuil   é cu reuil   œill a de
gou ver nail sou pi rail   pa reil
re cueille

2ᵉ CATÉGORIE :

i-lle   i-llé   i-lleur

Prononciation : fami*lle*   pi*llé*   arti*lleur*

i-lleul   i-llon   ei-lle

Prononciation : ti*lleul*   cari*llon*   abei*lle*

4ᵒ EXERCICE — Mots syllabés

bi lle   pi lle   vei lle
mei lleur   fi lleul   bi llon
ti lleul   si llon   fa mi lle
cor nei lle   o rei lle   a bei lle
ver mei lle   cor bei lle   ré vei llé
bou tei lle   tor pi lle   ca ri llon
ar ti lleur   tour bi llon   tou ri llon
é mer vei llé

3ᵉ CATÉGORIE

illa   ille   illé

Prononciation : il broui*lla*   enta*ille*   rou*illé*

illi   illon   illou

Prononciation : fa*illi*te   broui*llon*   ca*illou*

illu   illeur

Prononciation : sou*ill*ure   ra*ill*eur

5ᵉ EXERCICE — Mots syllabés

ta illa	ca ille	mou illé
ma ille	ca illou	ta illeur
feu ille	dé pou illé	dé ra illé
em pa illeur	fa illi te	en ta ille
ba ta ille	mé da ille	feu ille ton
fu ta ille	li ma ille	vo la ille
sou illu re	se ma ille	

ch   gn

1ᵉʳ EXERCICE — Syllabes épelées

ch-a cha	ch-u chu	gn-a gna
gn-on gnon	ch-an chan	gn-é gné
gn-oir gnoir	ch-ou chou	

2ᵉ EXERCICE — Syllabes non épelées

gneur	cha	chu	gna	gnon
chan	gné	gnoir	chou	cheur

Lecture syllabée

Le seuil de la por te ; le deuil de la fa mi lle ; la pio che du vi gne ron ; la taill e de l'au bé pi ne ; le

ma ré chal soi gne ra mon che val;
le bail ex pi ré; de la pa ille d'a-
voi ne; le jou jou ver meil; un chien
é pa gneul; u ne bou tei lle de vin;
un ro gnon de veau; la boue du
che min; u ne feu ille de car ton;
un beau re cueil; u ne jo lie cor-
bei lle; la suie de la che mi née;
u ne vi gne bien taill ée; u ne ma-
chi ne à va peur; le ta illeur de
mon pè re; de l'eau chau de; le
rè gne de Char le ma gne; de l'eau
bou illan te.

Lecture non syllabée

Mon cœur pétille de joie. J'irai à la campagne avec mon filleul. Eloi a babillé à l'école. Je cueille du fenouil. Cogne la cheville. On admire le beau fauteuil que maman a acheté. Je veille à ta sûreté. Déteste le péché. Elie a perdu son portefeuille. Je cherche l'éteignoir. Le vigneron tailla la vigne.

Porte mon tire-ligne à Childéric. Dépêche-toi de finir ta dictée, car on va sortir de l'étude. Ma chère mère aime bien le bon Dieu. Je servirai le

Seigneur de toute l'ardeur de mon âme. Je recherche la compagnie de mon ami Chérubin, car il me parle du bon Dieu. Combien le pécheur sera triste, épouvanté à la fin de sa vie!

10e LEÇON

CONSONNES DIPHTHONGUES

bl	br	cl	cr	dr
fl	fr	gl	gr	pl
pr	tr	vr	st	str
sc	scr	sp	spl	ps[1]

1er EXERCICE — *Syllabes épelées* (Epeler d'abord les deux consonnes en une seule émission, puis la voyelle).

bl-a bla	br-o bro	cl-o clo
cr-i cri	fl-o flo	gl-a gla
pr-o pro	tr-a tra	vr-o vro
st-è stè	st-y sty	sc-a sca
sp-i spi	sp-a spa	cl-ou clou
cr-in crin	br-an bran	fr-on fron

[1] Il faut exercer les élèves à bien prononcer ces réunions de consonnes, autrement leur lecture serait défectueuse. Il y a chez quelques enfants une paresse de langue qu'il ne faut pas se lasser de combattre.

gl-oi gloi	fl-am flam	gl-an glan
pr-en pren	tr-an tran	gr-im grim
pl-om plom	tr-om trom	vr-ai vrai
tr-ain train	bl-in blin	scr-u scru
ps-au psau	str-a stra	dr-ui drui
pl-ein plein	spl-en splen	

2ᵉ EXERCICE — *Syllabes non épelées*

bla	spa	spi	blu	sca
bro	sty	clo	stè	cri
vra	flo	gla	tra	pro
crin	clou	bran	grou	fron
flam	plein	splen	gloi	drui
glan	stra	psau	tran	grim
pren	vrai	scru	plom	

3ᵉ EXERCICE — *Mots syllabés*

frè re	li tre	glo be
mè tre	stè re	vi vre
flû te	sty le	é crou
tra me	brè ve	ai gle
gri ve	blê me	rè gle
bro che	plom bé	maî tre
croî tre	fron de	fla con
psau me	trei ze	cri ble
clo che	grou pe	cru che
gran de	sta ble	gra din

spo lié	ou vrir	pren dre
plumeau	traî tre	plan che
tra vail	scru tin	gri llon
blan chir	chan tre	pru neau
dra peau	cris tal	gran deur
fran chir	trou peau	flam beau
mal gré		

é ta ble	cra va te	fri tu re
struc tu re	gra vu re	sca ro le
oc to bre	spa tu le	spi ra le
i vro gne	tri tu ré	pla ta ne
im plo ré	é dre don	spé cu lé
en glo bé	tra ver se	ré pon dre
ré glu re	gra vi té	em plu mé
im plan té	blâ ma ble	pro pre té
re pren dre	no vem bre	mer cre di
ven dre di	é cri teau	é cri vain
cri niè re	scan da le	sco lai re
scru pu le	trom bo ne	mal trai té
crè ve-cœur	psal mo die	en glou tir
fra ter nel		

4ᵉ EXERCICE.—*Lecture syllabée*

L'en clu me du ma ré chal; un mar ché con si dé ra ble; la splendeur de la gloi re di vi ne; un tri an gle sca lè ne; con fon dre son

ad ver sai re ; ê tre à l'ex tré mi te ;
un sca pu lai re bleu ; re fen dre u ne
pou tre ; le jeu ne fan fa ron de ve nu
sou ple co mme un a gneau ; u ne
trou va ille im por tan te ; la pros-
pé ri té de la pa trie ; un beau
ca dran ; le sa cris tain de la mé-
tro po le ; u ne cou leur blan châ tre ;
mou dre du ca fé ; u ne peau de
chè vre ; u ne ves te sem bla ble à
la vô tre ; u ne vas te pro pri é té à
ven dre ; la gran deur de l'E tre
su prê me.

5ᵉ EXERCICE—Lecture non syllabée (1)

Oui, je blâme sa témérité. Il fau-
chera sa prairie vendredi prochain.
J'ai planté un clou à la muraille pour
suspendre ma redingote. On vendra la
bascule de l'octroi mercredi, treize
octobre. Malgré l'ordre formel de son
oncle, Claude a encore maltraité le
bétail. Votre chien a traversé le fleuve ;
la pauvre bête a failli périr. André,
ouvre la porte de l'étable.

(1) Lorsque, dans un mot, trois consonnes se suivent, la première appartient presque toujours à la voyelle qui les précède, et les deux autres à celle qui les suit : *som-bre, rem-brunir, chan-vre, en-clume.*

En un clin-d'œil le marché a été conclu: Flavien viendra vendredi, trente novembre. Grégoire voudra bien se tenir pour averti. Florentin travaille la plate-bande de la grande cour. Alexandre prendra le train à Grenoble. Antonin a complimenté votre oncle. Evite même le péché véniel, car il contriste le Seigneur. Chacun portera son fardeau au tribunal du souverain Maître. Je chante un psaume à la gloire de la Majesté suprême.

11ᵉ LEÇON

CONSONNES DOUBLES ÉQUIVALANT GÉNÉRALEMENT A UNE SEULE (1)

bb	cc	dd	ff
gg	ll	mm	nn
pp	rr	ss	tt

(1) Nous disons *équivalant généralement* à une seule, parce qu'il y a quelques exceptions.

1ᵉʳ EXERCICE — Mots syllabés

(Faire prononcer les deux consonnes de même espèce comme s'il n'y en avait qu'une ⁽¹⁾)

bu tte	pre sse	be lle	ne tte
te rre	ja tte	gli ssé	me sse
bo nne	so mme	gou tte	mi ssion
gre ffe	mie nne	na ppe	gra mme
lu tte	ba nnir	ca ssé	cha tte
pa ssé			

a ccom plir	a dduc teur	four che tte
a rrê té	a tten tif	co nnaî tre
o ppor tun	a ccro ché	sou tie nne
i llus tre	a bbe sse	lu ne tte
mor te lle	a ggra vé	o ffen se

a cco la de	in fla mma ble
ra cco mmo dé	en tre tie nne
a gglo mé ré	a ccor dé on
a ppa raî tre	a llu me tte
a ppro pri é	ki lo gra mme
a ccom pa gné	di ffi cul té

2ᵉ EXERCICE — Lecture syllabée

L'a bbé du mo nas tè re de la Tra ppe; u ne lu tte con ti nue lle;

---

(1) Le Maître dira aux élèves que lorsque les consonnes doubles *l*, *n*, *r*, *s*, *t* sont précédées d'un *e* muet, elles lui donnent le son d'un *è* ouvert : *belle*, *bè-lle*; *mienne*, *miè-nne*; *terre*, *tè-rre*; *messe*, *mè-sse*; *nette*, *nè-tte*.

l'a rri vée o ppor tu ne; la di fformi té de mon frè re; la mi ssi ve por tée à la pos te; u ne co lli ne fer ti le; u ne co lo nne é le vée; la co lo nna de du Lou vre; u ne le ttre dé ca che tée; un de ssin bien soi gné; en ten dre la me sse de pa roi sse.

Pie rre se ra a tten tif à l'a venir. A ccro che ma cra va te au mur de ma cham bre. Le char bon de pie rre do nne peu de fla mme. Il a chè te u ne na ppe. J'ai ven du u ne be lle ja tte au mar ché de mar di pa ssé. A ccor de-lui sa demande. Il a sur mon té la di fficul té. Le vo leur a é té a rrê té ven dre di. Le che val s'é cha ppe; le pou lain tro tte. E lle en tre ra dans la gro tte. Le dra peau flo tte sur le vai sseau.

3e EXERCICE — *Lecture non syllabée*

Il m'a donné une accolade fraternelle. Combien coûte votre accordéon ? Mon étourdi a paru à la fête malgré ma défense expresse. Apolline, allume la chandelle, car papa arrive accompagné de l'oncle Gabriel. Notre compatriote se fera un nom illustre s'il continue à se rendre utile à la patrie. Je m'empresse de t'apprendre une bonne nouvelle.

Nulle personne ne pourra réussir aussi bien que toi. La petite sotte n'a rien su répondre au catéchisme. La patte de notre chatte a été brûlée par l'eau bouillante de la casserole; la pauvre bête a miaulé à faire compassion. Ma marraine m'a donné une belle et bonne pomme. La messe sonne, apprête-toi vite. Etienne a vaincu la difficulté. A l'avenir, je serai attentif. Suzanne reverra sa bonne mère.

J'ai arraché une belle carotte. Donne-moi ton porte-monnaie. Fabien ratisse l'allée du parterre. Luc enverra une belle volaille à sa tante. Arsène m'a apporté un beau jambon de Carcassonne. J'ai la luette enflammée. Camille va sur la colline. Je m'éveille. Il se préoccupe. Je pousse la brouette, Etienne la tire. La paresse a amolli ton caractère. Pierre m'a donné de sa colle forte. La flamme pétille. Michel, prépare la salle, ensuite sonne l'entrée de la classe. J'assume la responsabilité de votre affaire. Si je pardonne, Dieu me pardonnera.

12ᵉ LEÇON

REMARQUES SUR LES LETTRES c, g, e, s, t, u.

C *a le son de* s *devant* e, i, y, *et lorsqu'il a une cédille* (ç) : ceci, cela, cygne, ciron, malice, cire, cécité, calice, sincérité, avarice, leçon, reçu, façon, déçu, garçon, façade, lança, aperçu.

G *se prononce* j *devant* e, i, y : juge, gage, givre, giron, gypse, Egypte, ravage, gîte.

E *ne se fait pas sentir devant* a, ai, an, on : jugea, assiégeai, Jean, bourgeon, pigeon, partagea.

S *ne se prononce pas à la fin des mots et dans* est *verbe :* bas, las, ras, bras, repos, repas, palais, encens, rabais, brebis, engrais, progrès, profès. *Il en est même dans les monosyllabes* mes, tes, ses, ces, les, des, nos, vos, *qu'on prononce* mè, tè, sè, cè, lè, dè, nô, vô.

T *est généralement nul à la fin des mots :* rat, chat, impôt, plat, entrepôt, rachat, début, crachat, sot, ouvert, avocat, généralat, petit, noviciat, instruit, concordat, fruit, conduit, bâtiment, joint, châtiment, couvert. *Lorsque le* t *est précédé d'un* e, *il lui donne le son d'un* è *ouvert :* cadet, secret, complet, chapelet, cabinet, robinet.

U *suivi d'une voyelle est nul après* g, *qui conserve le son dur :* langue, guérite, guidon, guérir, fatigua.

U *suivi d'une voyelle est également nul après* q : pique, risqué, piqué, moqueur, fabriqué.

DU TRÉMA

On appelle tréma (··) deux points que l'on met sur une voyelle pour la faire prononcer séparément de celle qui la précède : Saül, naïf, Caïn, païen, aiguë.

Mots non syllabés

brique	longue	pourquoi
cérat	langue	quoique
rabat	guérir	secret
guérir	laque	savait
plongeon	flasque	garçon
cible	ça et là	cire
tricot	figue	figé
trinqué	ciguë	figea
brochet	tronqué	souris
diffus	permis	reflet
confus	debout	rebut
début	fatigue	quiproquo
équivoque	prodigue	cirage
fabriqua	ambiguë	conquérir
guitare	intrigué	risquera
ceinturon	citrouille	ciboire
contiguë	prodiguons	naïve
allongeas	matelas	entrepôt
cabaret	recevoir	incomplet
dérangeons	prolongeât	percevoir

Lecture

On m'avait dit qu'il y avait une fabrique de tuiles réfractaires dans ce village. Je suis très-fatigué, je n'en puis plus. Mon cher ami, ne sois jamais prodigue de bons mots. André a arrêté vos moutons à l'entrée du bois. Augustine a cueilli des violettes et des reines-marguerites en quantité. Marie a ramassé les miettes de pain restées sur la table. Aristide a chassé vos poules de notre enclos.

Mon enfant, estime et respecte toujours les gens de bien, ainsi que les personnes charitables, et ne fait jamais de mal à personne. Il est minuit, rentre lestement et doucement au logis, autrement tu dérangerais tes parents, qui ont besoin de repos. La chambre qui est contiguë à la salle de l'école, a une surface de cinquante-trois mètres et quarante quatre décimètres carrés.

Mon père a reçu la lettre que tu lui as adressée le quinze du courant ; il l'attendait depuis trois semaines au moins. Eloi aperçut un chamois dans le bois et lui logea une balle dans la tête. La candeur, la sincérité et la simplicité sont les vertus de l'enfance. Ne jugeons mal de qui que ce soit. Louons et bénissons le Seigneur tout-puissant.

13ᵉ LEÇON

SUITE DES REMARQUES SUR LES LETTRES

A *est nul dans :* août, taon, Saône.

B *précédé d'une consonne est nul à la fin des mots :* plomb, aplomb ; *mais il se fait sentir lorsqu'il est précédé d'une voyelle :* Job, Jacob, Joab, Moab.

CC *placés devant* é, è, i, *se font sentir l'un et l'autre :* ac-cès, suc-cès, ac-cédé, suc-cédé, ac-cident, ac-cepté. *Placé devant* q, *le c est nul :* acquérir, acquitté.

D *est nul à la fin des mots lorsqu'il est précédé d'une consonne ou d'une voyelle composée :* badaud, pied, trépied ; *mais il se fait sentir s'il est précédé d'une voyelle simple :* David, Jocabed, le Cid ; *excepté dans* nid : un nid de rossignol.

E *se fait très-peu sentir à la fin des mots lorsqu'il est précédé d'une voyelle :* la vie, la patrie, je parie, ma tante vénérée. *Il a le son de* a *dans* femme, solennité *et leurs dérivés, de même que dans les mots terminés en* emment : décemment, prudemment, violemment, négligemment.

F *est nul dans* clef, *qu'on prononce* clé, *dans* cerf, nerf, *et dans* œuf *et* bœuf *lorsque ces deux derniers mots sont terminés par* s : les œufs, des bœufs.

GG *placés devant* è, é, *se prononcent tous les deux :* je sug-gère, j'ai sug-géré. G *est nul à la fin des mots lorsqu'il est précédé d'une consonne :* sang, rang, coing, seing, étang, poing.

H *est nul dans la prononciation :* heure, hilarité, horloge, bonheur, honneur, hameau ; *excepté lorsqu'il est précédé de* c *et suivi d'une voyelle :* charité, chaume, chuchoté.

I *est nul dans* oignon, poignard, encoignure, poignée.

L *est nul à la fin de quelques mots :* fusil, outil, soûl, gentil, baril, coutil, persil, sourcil.

M *est nul dans* damné, damnable, automne, *etc.*

O *est nul dans* paon, faon, Laon.

P *est nul à la fin des mots :* drap, coup, galop, beaucoup, champ, camp. *Il ne se fait pas non plus sentir dans certains mots :* ba*p*tême, Ba*p*tiste, com*p*ter, se*p*tième, exem*p*ter, dom*p*ter.

ER *se prononce* é *à la fin de presque tous les mots :* aime*r*, cherche*r*, avance*r*, ruche*r*, boulange*r*, poirie*r*, voiturie*r*, pommie*r*, entrelace*r*, donne*r*. *Sont exceptés :* ver, mer, amer, fier, hier, fer, enfer, cher, *etc.*

S *se prononce* z *entre deux voyelles :* mai*s*on, cho*s*e, ba*s*e, mi*s*ère, fu*s*eau, poi*s*on, pri*s*er, mi*s*éricorde, toi*s*on, ra*s*oir, mu*s*eau, pri*s*on.

T *se prononce* s *devant* ial, iel, ieux, ion, ient : mar*t*ial, par*t*ial, confiden*t*iel, essen*t*iel, fac*t*ieux, préten*t*ieux, puni*t*ion, na*t*ion, na*t*ional, pa*t*ient, quo*t*ient. *Dans les verbes, il conserve le son naturel :* nous por*t*ions, nous chan*t*ions, nous par*t*ions. *Il en est de même lorsqu'il est précédé de* s *ou de* x : ques*t*ion, mix*t*ion.

X *est généralement nul à la fin des mots :* curieu*x*, cheveu*x*, chevau*x*, croi*x*, crucifi*x*. *Cette lettre a six sons différents :* cs : a*x*e, lu*x*e ; — gz : e*x*il, e*x*emple ;

—ss : Au*x*erre, Au*x*onne, Bru*x*elles, soi*x*ante ; — z : deu*x*ième, si*x*ième, di*x*ième, di*x*-neuf ; — k : e*x*céder, e*x*ception ; — s : si*x*, di*x*.

Y *vaut deux* i *lorsqu'il est placé entre deux voyelles ; ainsi* crayon *se prononce* crai-ion. *On prononce de même* noyer, tuyau, moyen, citoyen, essuyé, payable, voyage, rayé.

Z *est nul à la fin des mots :* du ri*z* ; *mais il donne à l'*e *placé devant, le son d'un* é *fermé :* vous save*z*, vous trouve*z*, le re*z*-de-chaussée, le bie*z* du moulin, le ne*z*, vous ignore*z*.

EU *se prononce* u *dans le verbe avoir :* j'ai *e*u, il a *e*u, j'*e*us faim, tu *e*us soif, il *e*ut peur, nous *e*ûmes, vous *e*ûtes, j'*e*usse *e*u, il *e*ût *e*u, nous *e*ussions *e*u.

ENT *se prononce* e *à la fin des verbes :* les enfants cour*ent*, saut*ent*, gambad*ent* et cri*ent* dans la prairie.

PH *se prononce* f : para*ph*e, épita*ph*e, *ph*iloso*ph*e, *ph*ase, *ph*ysique, *ph*armacien, *ph*rase, *ph*alange, *ph*are, ortho*ph*ra*ph*e, Jose*ph*, *Ph*ilippe.

SC *équivaut à* c *devant* e, é, è, i, h : *sc*eau,

*sc*élérat, *sc*ène, *sc*ie, *sc*iatique, fai*sc*eau, dis*c*ipline, *sc*ission, rémini*sc*ence, *sc*his‑ me, *sc*histe.

14ᵉ LEÇON

LECTURE COURANTE, servant particulièrement d'application aux deux Tableaux précédents (1)

Les oiseaux arrivent en foule au printemps. Il ne faut pas, mes enfants, détruire leurs nids ; car ces charmants petits oiseaux répandent, par leur chant varié, la joie, la gaîté dans les villes et et dans les campagnes. Il nous rendent en outre de grands services, en détruisant les insectes nuisibles à l'agriculture, ou en mangeant les graines de plantes très-préjudiciables à nos céréales. Ils sont pour nous de puissants auxiliaires envoyés par le bon Dieu : ne leur faisons donc aucun mal.

Qu'on est heureux lorsqu'on a le bonheur de servir Dieu ! Nous notions hier quelques notions de physique.

(1) Le Maître fera bien, avant de faire lire ce Tableau, d'exercer les élèves sur les *liaisons*, dans la 16ᵉ Leçon.

Nous portions quelques portions de pain aux prisonniers. Joseph a acheté à Bruxelles une soixantaine de sangsues. L'historien doit être impartial. Pendant le mois de juillet et le mois d'août, les taons incommodent beaucoup les bestiaux.

Que de belles épitaphes on trouve dans le cimetière de Loyasse, à Lyon. David a répondu sur-le-champ avec un aplomb remarquable. Philomène, dites à Philippe d'apporter la clef de l'armoire. Mon frère Jean est allé à Laon, acheter deux paons. Dosithée, apporte du schiste. Quatre et six font dix. J'ai eu de la besogne ce soir. Je lui ai suggéré une idée. Il a accédé à mon désir. Voilà une scène bien tragique.

Tu commences à apprendre tes leçons ; ah ! c'est bien temps. Joseph et Philibert accomplissent tous leurs devoirs. Mes cousins désiraient voir Auxerre ; j'ai acquiescé à leur désir et les y ai menés. Essuyez vos larmes, tout sera payé. Vous dites amen à tout ce qu'on vous dit ; vous changez comme les phases de la lune. Hyacinthe est le deuxième aujourd'hui dans la composition d'orthographe : c'est une exception.

Vous revenez bien tard de l'école, mes amis ; l'instituteur vous a sans doute retenus ; vous êtes si babillards et si négligents ! Jugez de ma simplicité, je croyais que tout le monde m'approuvait ! Quelle question vous me faites ; je ne saurais y répondre. L'angélique est une plante employée en médecine. Dans cette lutte désespérée, la victoire est restée du côté du droit ; mais les vainqueurs se sont montrés généreux envers les vaincus.

Tout bon citoyen aime son pays et travaille à la gloire et à la prospérité de sa patrie. La fête de Noël et celle de l'Epiphanie ont été solennisées cette année avec une grande pompe dans notre église. Ma sœur cadette a passé neuf ans à Paris. Vendez-vous du coutil, Madame ? Oui, Monsieur, à votre service. La Saône se jette dans le Rhône, à Lyon. Le sirop de vélar est employé contre les maux de gorge et les inflammations du larynx. Mes aïeuls m'ont raconté la vie de mes aïeux.

Jusqu'à quand mènerez-vous un pareil train ? Ah ! vos petits avoirs seront bientôt dissipés. Cessez d'être si prodigue. Je ne vous dis cependant pas d'être parcimonieux, mais économe. Notre corps sera réduit en poussière; mais notre âme est immortelle. Combien y a-t-il de bœufs dans cette étable? Il y en a six. Ma grand'mère m'a donné une fort jolie montre à répétition. Cet enfant n'a que six ans, et il lit déjà couramment. Mon Dieu, faites qu'un jour je sois avec vous dans le ciel.

15ᵉ LEÇON

SIGNES DE PONCTUATION ET PAUSES CORRESPONDANTES

A la virgule (,), on fait une petite pause; au point-virgule (;), une pause médiocre; aux deux points (:), une pause moyenne; au point (.), une pause complète; aux points de suspension (...), la pause peut être plus ou moins longue; au point d'admiration (!), la pause est petite ou complète; au point d'interrogation (?), la pause est ordinairement complète.

16ᵉ LEÇON

DES LIAISONS DANS LA LECTURE

Lier deux mots, c'est les prononcer comme s'ils n'en faisaient qu'un. Le plus léger repos entre deux mots dispense de les lier. Voici quelques règles sur la liaison :

1° Lorsque la liaison n'adoucit pas la prononciation, on doit l'éviter : Un pont élevé, *un pon élevé;* Benoît a raison, *Benoî a raison;* l'avocat a plaidé, *l'avoca a plaidé.*

2° La liaison peut quelquefois avoir lieu nonobstant la virgule : Je vous adore, ô mon Dieu, *je vous ado rô mon Dieu;* il faut, au contraire, l'encourager, *il fau tau contraire, l'encourager.*

3° L'*e* muet final d'un mot s'élide devant une voyelle ou un *h* muet : J'espère en Dieu ; *j'espè ren Dieu;* j'aime à le servir, *j'ai ma le servir;* croître en vertu, *croî tren vertu.*

4° La liaison a lieu avec la voyelle sensible qui précède *d* ou *t* : Un bord élevé, *un bo rélevé :* un dard aigu, *un da raigu ;* une mort affreuse, *une mo raffreuse ;* un sort heureux, *un so rheureux.*

5° Le *r* final dans les noms qui se prononcent *é*, ne se lie jamais : Un poirier arraché, *un poirié arraché ;* un officier admis à la retraite, *un officié admis à la retraite.*

EXERCICE SUR LES LIAISONS

Aimer à lire, *aimé ra lire*

Bel ornement, *bè lornement*

Le cap oriental, *le ca poriental*

Un chef intrépide, *un chè fintrépide*

Deux étourdis, *deu zétourdis*

En un mot, *en nun mot*

Un grand orateur, *un gran torateur*

Mon ami, *mo nami*

Son âme, *so nâme*

Un homme distingué, *un nhomme distingué*

Mon petit ami, *mon peti tami*

Un voiturier embarrassé, *un voiturié embarrassé*

Il a neuf ans, *i la neu vans*

Bernard a tort, *Berna ra tort*

Vous êtes heureux, *vou zête zheureux*

J'espère en vous, *j'espè ren vous*

Vous irez encore le voir, *vou zirez zencore le voir*

On a cherché les coupables, *on na cherché les coupables*

17ᵉ LEÇON

ALPHABET D'ÉCRITURE ANGLAISE OU CURSIVE

LETTRES MINUSCULES

a b c d e f g h i j k

l m n o p q r s t u

v x y z

LETTRES MAJUSCULES

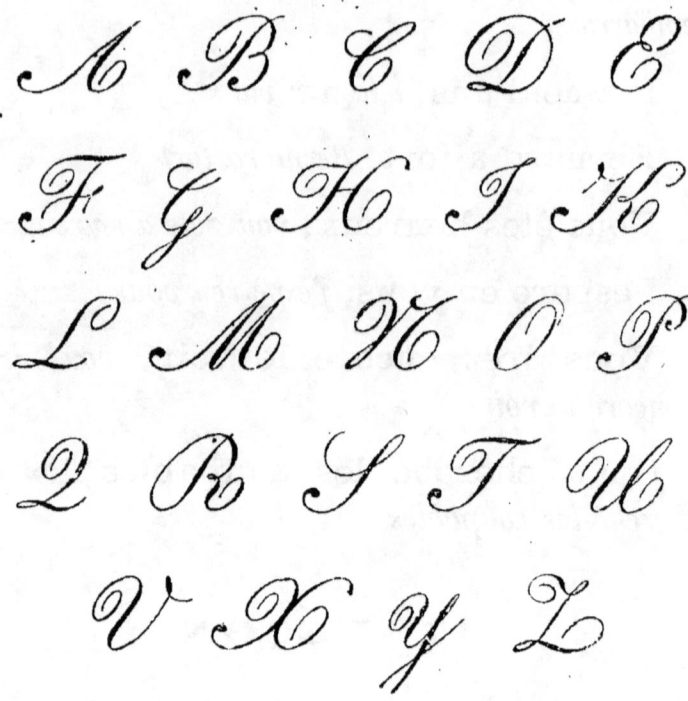

18ᵉ LEÇON

EXERCICE SUR LES CHIFFRES

	Chiffres arabes	Chiffres romains
Un	1	I
Deux	2	II
Trois	8	III
Quatre	4	IV
Cinq	5	V

	Chiffres arabes	Chiffres romains
Six	6	VI
Sept	7	VII
Huit	8	VIII
Neuf	9	IX
Dix	10	X
Onze	11	XI
Douze	12	XII
Treize	13	XIII
Quatorze	14	XIV
Quinze	15	XV
Seize	16	XVI
Dix-sept	17	XVII
Dix-huit	18	XVIII
Dix-neuf	19	XIX
Vingt	20	XX
Vingt-un	21	XXI
Vingt-deux	22	XXII
Vingt-trois	23	XXIII
Vingt-quatre	24	XXIV
Vingt-cinq	25	XXV
Vingt-six	26	XXVI
Vingt-sept	27	XXVII
Vingt-huit	28	XXVIII
Vingt-neuf	29	XXIX
Trente	30	XXX
Quarante	40	XL

	Chiffres arabes	Chiffres romains
Cinquante	50	L
Soixante	60	LX
Septante	70	LXX
Quatre-vingts	80	LXXX
Nonante	90	XC
Cent	100	C
Deux cents	200	CC
Trois cents	300	CCC
Quatre cents	400	CD
Cinq cents	500	D
Six cents	600	DC
Sept cents	700	DCC
Huit cents	800	DCCC
Neuf cents	900	CM
Mille	1000	M
Deux mille	2000	MM
Trois mille	3000	MMM

Lyon. — Imp. MOUGIN-RUSAND. — 8-1872.

www.ingramcontent.com/pod-product-compliance
Lightning Source LLC
LaVergne TN
LVHW021728080426
835510LV00010B/1174